AF375577

ALEXANDRE IER

Le tsar européen

Par Bernard de Lovinfosse

50MINUTES.fr

ALEXANDRE Iᵉʳ. LE TSAR EUROPÉEN

RÉFORMER LA RUSSIE ET REMODELER L'EUROPE À L'AUBE D'UNE NOUVELLE ÈRE

- **Naissance ?** Né le 23 décembre 1777 (le 12 décembre du calendrier julien) – Saint-Pétersbourg (Russie)
- **Mort ?** Décédé le 1ᵉʳ décembre 1825 (le 12 novembre du calendrier julien) – Taganrog (Russie)
- **Faits marquants ?**
  - Réforme du gouvernement russe, de l'armée et des affaires étrangères
  - Conquêtes territoriales
  - Intervention dans la vie quotidienne du peuple russe par une loi sur la libération des serfs, la fondation d'un réseau d'écoles et d'universités d'État ainsi que le développement de l'édition et de l'imprimerie.

Celui qui a été le véritable vainqueur de Napoléon (premier empereur des Français, 1769-1821) à la suite de sa campagne de Russie de 1812, prélude à sa défaite finale, se présente comme une personnalité assez complexe, au point de le voir qualifié de « sphinx indéchiffrable jusqu'au tombeau » par le poète et romancier russe Pouchkine (cité dans WASILEWSKI (Kazimierz), *Le règne d'Alexandre Ier : la faillite d'un régime et le premier assaut révolutionnaire (1818-1825)*, Paris, Plon, 1925, p. 379).

Le jeune Alexandre évolue durant sa jeunesse sous les auspices de la philosophie des Lumières qui a influencé le règne de sa grand-mère Catherine II (impératrice de Russie, 1729-1796), une ère de développement intense pour le pays. Son fils Paul, tsar fantasque et contradictoire, n'a eu de cesse de défaire l'œuvre réformatrice de sa mère et de faire des choix politiques désastreux pour son pays, ce qui lui a finalement coûté la vie.

Porté au pouvoir suite à la fin tragique de son père, Alexandre Ier se pose en véritable successeur de Catherine II et porte pour son pays l'espérance d'une nouvelle ère de prospérité. Prenant exemple sur les cercles qui rassemblent les élites en vue de réfléchir sur le fonctionnement du pouvoir (particulièrement à la mode en Europe), le nouveau tsar réunit régulièrement ses proches amis et conseillers. Il a une vue précise de l'état du gouvernement de son pays, qualifiable à cette époque de moyenâgeux du point de vue de l'Occident.

La tâche qui lui incombe se révèle immense. Des siècles sont à rattraper pour accéder au progrès des pays européens. Or le temps va s'avérer plus court que prévu, car c'est la politique extérieure, quelque peu agitée, qui va monopoliser toute l'attention du tsar. L'arrestation du duc d'Enghien (petit-fils du prince de Condé) le 15 mars 1804 sur les terres de sa mère engage définitivement le jeune tsar à entrer en guerre contre l'homme le plus puissant d'Europe qui cumule alors les victoires, Napoléon.

Pétri de remords quant aux circonstances dou-teuses de la mort de son père, Alexandre Ier est un homme atteint par un mysticisme exalté et peu orthodoxe qui va aborder les dix dernières années de son règne en une phase conservatrice, malgré un souci de réforme certain. Les circons-tances de sa mort restent également floues : serait-il mort vers 1825 ? Ou dans les années 1860, sous les traits d'un honorable starets en odeur de sainteté ? Le mystère reste entier...

BIOGRAPHIE

| Alexandre Ier par George Dawe (peintre anglais, 1781-1829), vers 1820.

Le jeune Alexandre naît au palais d'Hiver de Saint-Pétersbourg (Russie) le 23 décembre 1777. Ses parents sont le tsarévitch Paul Ier (1754-1801) et Maria Fiodorovna, née Sophie Dorothée de Wurtemberg (1759-1828). Sa grand-mère, l'impératrice Catherine II, le sépare très vite de ses parents et confie son éducation à des précepteurs, principalement Frédéric César de La Harpe (homme politique suisse, 1754-1838), qui lui donnent une formation clairement inspirée par les idées libérales issues des Lumières.

| Portrait de Catherine II de Russie par Fyodor Rokotov (1736-1808), vers 1770.

Elle voit en effet en cet enfant la personne la plus à même de s'inscrire dans la continuité de son règne, davantage qu'en son propre fils Paul Ier, qu'elle estime incapable de gouverner le pays. Elle lui trouve une femme en la personne de Louise Augusta de Bade, convertie à l'orthodoxie sous le nom d'Elisabeth Alexeïevna (princesse allemande devenue impératrice de Russie, 1779-1826).

À la mort de l'impératrice en 1796, c'est finalement son fils Paul qui lui succède sur le trône, comme l'exige la tradition. Bien qu'Alexandre soit au courant de la volonté de sa grand-mère de le placer au pouvoir, il reconnaît son père Paul Ier comme le digne successeur.

Or la politique profrançaise et répressive à l'égard de l'élite russe que le nouvel empereur entreprend attise le mécontentement des ministres et de la cour, à tel point qu'un complot mené par le ministre Nikita Petrovitch Panine (homme politique russe, 1710-1837) se trame pour le faire abdiquer au profit de son fils.

Ses détracteurs auront finalement eu raison de lui : Paul Ier décède dans la nuit du 23 mars 1801 en tentant de se défendre contre un groupe d'ex-officiers mené par le général Levin August von Bennigsen (général russe, 1745-1826) qui voulait lui faire signer son abdication contre son gré.

Aussi, le jour même, Alexandre Ier accède au pouvoir impérial, au grand soulagement de l'élite du pays qui y voit la perspective d'une ère de prospérité et de développement.

Dans les trois années qui suivent, le nouveau tsar annule les lois autoritaires de son père et rappelle ceux qui avaient été écartés du gouvernement, notamment des serviteurs de Catherine II.

Appuyé par un comité privé formé de plusieurs compagnons aux idées libérales, il réfléchit à un projet de constitutionnalisation du gouvernement qui donne lieu à l'octroi au Sénat d'un droit de remontrance (droit de s'opposer à un édit royal s'il va à l'encontre des intérêts du peuple) ; cette concession ne se révélera finalement que temporaire.

Ainsi, les réflexions échafaudées autour d'une ré-forme du gouvernement, même si elles ne se traduisent pas entièrement en acte, donnent tout de même lieu à une série de transformations.

- Le gouvernement passe d'un ensemble de collèges, établis sous Pierre Ier le Grand (empereur de Russie, 1672-1725), à huit ministères (le ministère des Affaires étrangères, de l'armée, des Affaires navales, de l'Intérieur, des Finances, de la Justice, du Commerce et de l'Instruction publique), chacun géré par un ministre nommé par l'empereur, aidé d'un adjoint et d'un secrétaire.
- Une loi est adoptée sur la libération des serfs en Russie et sur l'abolition du servage dans les pays baltes.
- Le tsar place l'éducation en tête de son programme et y consacre un énorme budget. De nombreuses écoles s'ouvrent, ainsi que quelques universités, de manière à quadriller le pays d'un important réseau scolaire afin de former l'élite de demain.

Si sa vie politique est couronnée de succès, sa vie affective l'était bien moins. Le tsar ne se considère plus vraiment lié avec sa femme, dont l'union lui a été imposée pour raison d'État et dont il n'a eu que deux filles, mortes en bas âge. C'est ainsi qu'il entretient durant 19 ans une relation avec la princesse Maria Antonovna Narychkina (1779-1854) avec laquelle il a plusieurs enfants naturels dont il ne reconnaît qu'une fille, Sophie Narychkina (1808-1824).

Un an après l'avènement du nouveau tsar, le premier consul Napoléon prend le titre d'empereur des Français. Il occupe le devant de la scène internationale et son ambition est sans limites. Si Alexandre Ier entend d'abord rester pacifiste en Europe, c'est pour mieux s'occuper du Caucase (chaîne de montagnes située entre la mer Noire et la mer Caspienne). En effet, dans la ligne politique de son père qui avait déjà annexé une partie de la Géorgie, mais non sans que la présence russe n'y soit remise en cause, il mène une guerre difficile dans les années 1804 à 1806 pour annexer définitivement tout le territoire à l'Empire russe, aux dépens de l'Empire ottoman.

Inquiet de la percée française dans les Balkans (région de l'Europe du Sud-Est) et outré par l'enlèvement du duc d'Enghien à Ettenheim (en Bade), sur les terres de sa mère, Alexandre Ier s'engage dans la Quatrième Coalition contre Napoléon.

Voulant commander ses troupes à la place de ses généraux, le tsar essuie plusieurs défaites à Eylau (février 1807) puis à Friedland (juin 1807). Aussi est-il contraint, en juillet 1807, de signer la paix de Tilsit et de s'allier avec la France.

Dans un premier temps, cette alliance permet au tsar de prendre la Finlande à la Suède, son ancienne alliée, le 17 septembre 1809, avec le traité de Fredrikshamn. Or elle lui impose également de retirer ses troupes de Roumanie et de Serbie, engagées contre l'Empire ottoman depuis novembre 1806.

Le traité de Bucarest du 28 mai 1812, qui met fin à cette guerre, permet tout de même à la Russie de conserver les territoires gagnés, formant la Bessarabie (espace situé dans et autour de l'actuelle Moldavie), tout en lui imposant de participer au blocus continental contre l'Angleterre, son principal partenaire commercial : aussi la Russie doit-elle lui fermer ses ports.

À cette époque, Napoléon règne en maître : aucune puissance européenne continentale n'ose s'élever contre lui. Or, voyant l'économie de son empire se dégrader, le tsar se persuade finalement que l'alliance avec la France ne peut servir ses intérêts et y met fin en 1812.

C'est sous ce prétexte que démarre la campagne de Napoléon en Russie : ce dernier veut obliger la Russie à se tenir à l'écart des affaires de l'Europe et l'arrimer définitivement à la France. Ne pouvant vaincre les Français en bataille rangée, les Russes optent pour une stratégie de terre brûlée (tactique de destruction des ressources visant à affaiblir l'ennemi) et d'escarmouche destinée à mettre à mal la Grande Armée. Pourtant, malgré tous leurs efforts, ils ne peuvent empêcher la prise de Moscou : ils se décident alors à l'incendier, ce qui contraint Napoléon à une désastreuse retraite en plein hiver, causant la déroute de son armée. Cette défaite précipite la fin de l'hégémonie napoléonienne sur l'Europe.

Alexandre Ier prend alors la tête de la Sixième Coalition contre Napoléon, regroupant le Royaume-Uni, la Prusse, l'Autriche et la Suède. Dans l'épreuve, le tsar trouve la force d'agir dans un mysticisme exacerbé, marqué par un idéal de fraternité chrétienne. La dernière guerre entreprise contre Napoléon, dont le point culminant est la victoire de Leipzig le 19 octobre 1813, se clôt par l'entrée des coalisés à Paris le 31 mars 1814. Le 18 septembre de la même année, les coalisés ouvrent le Congrès de Vienne où Alexandre Ier, tout en se ménageant des extensions considérables à son empire, veut mettre en avant cet idéal de fraternité chrétienne.

Durant les dix dernières années de son règne, le tsar tombe dans un mysticisme piétiste et œcuménique. Il repose de plus en plus sur ses collaborateurs pour l'exercice de ses fonctions, ce qui explique un retour vers un pouvoir conservateur et autoritaire. Il songe de plus en plus à quitter le pouvoir, mais décède dans des circonstances mystérieuses au cours d'un voyage à Taganrog. Pourtant, en Russie, on le croit réapparu sous les traits de Fiodor Kouzmitch, célèbre starets russe orthodoxe, tant la proximité entre ses traits et ceux du tsar est saisissante.

| Portrait de Fiodor Kouzmitch, peint par un anonyme au XIXe siècle à partir d'une gravure de 1860.

CONTEXTE

LA RUSSIE DE CATHERINE II

À la naissance d'Alexandre en 1777, Catherine II est âgée de 48 ans et règne depuis le 28 juin 1762. Son défunt mari, le tsar Pierre III (empereur de Russie, 1728-1762), devenu impopulaire après six mois de règne du fait de sa politique germanophile, est renversé ce jour-là par un coup de force militaire dont elle a pris la direction afin de sauvegarder son avenir et celui de son fils.

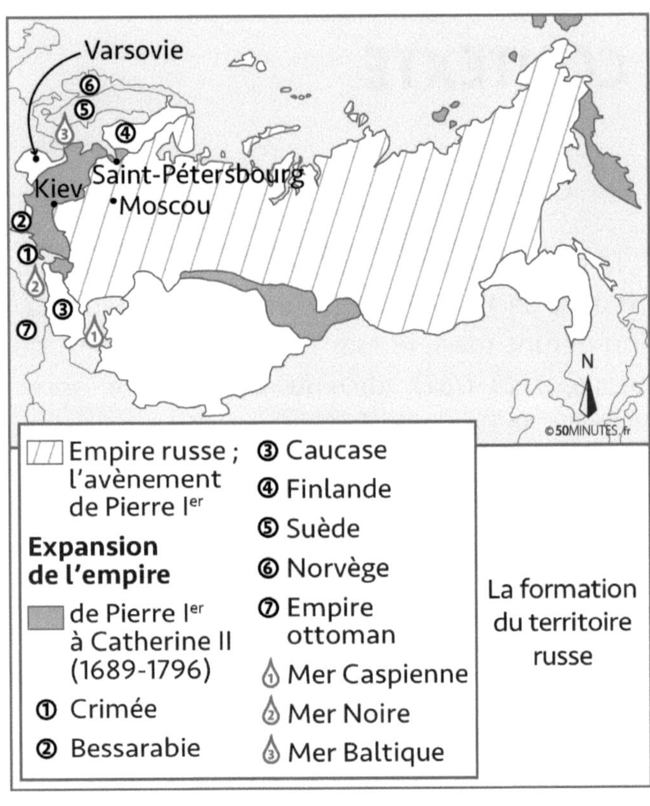

| Carte de Russie.

Une soif d'expansion territoriale

Dès 1762, Catherine s'inscrit dans la continuité de son prédécesseur, Pierre Ier le Grand : une politique extérieure marquée par une intense activité diplomatique et militaire ainsi qu'une politique intérieure de modernisation de la société russe.

Catherine II estime en effet que la Russie doit participer aux affaires de l'Europe sur un pied d'égalité avec l'Angleterre, la France, l'Autriche et la Prusse afin d'assurer sa prédominance en Europe. Placé à la tête du Collège des Affaires étrangères, le comte Nikita Ivanovitch Panine (diplomate russe, 1718-1783) ne tarde pas à promouvoir une alliance avec le Royaume-Uni, la Prusse et le Danemark contre les États catholiques, plus particulièrement la France, alliée depuis le XVIe siècle à l'Empire ottoman. Afin d'assurer à son pays un débouché maritime en mer Noire et la possibilité de prendre un jour Constantinople (l'actuelle Istanbul, Turquie), Catherine II entame en 1768 une guerre contre ce dernier. Ce conflit se termine en juillet 1774 par le traité de Kutchuk-Kaïnardji qui permet à la Russie :

- d'annexer le port de Kertch (Caucase) ;
- de détacher de l'influence ottomane le Khânat de Crimée (ancien État gouverné par les Tatars de Crimée) afin de le soumettre et de l'annexer par la suite, ce qui se fera en 1792 ;

- de disposer d'un droit de regard sur le sort réservé aux chrétiens des territoires de la Sublime Porte (siège du gouvernement du sultan de l'Empire ottoman, situé à Constantinople). Cette disposition, qui confère à l'État russe un immense prestige international, fait de lui le protecteur des peuples chrétiens en terre d'islam.

Ces succès russes inquiètent l'Autriche qui sent perdre son influence dans les Balkans, au point d'entrer en guerre à son tour contre la Russie. Celle-ci est déjà présente en Pologne pour arrêter tout expansionnisme de la Prusse, avide de conquêtes chez un voisin en proie à l'anarchie. En 1772, ces trois puissances conviennent donc de se départager les territoires sous leur contrôle, aux dépens de l'État polonais.

Au cours de ce premier partage, la Russie acquiert une partie de la Biélorussie et de la Lituanie. Les deux partages suivants entre ces trois puissances en 1793 et en 1795, menés suite à la répression de la révolte polonaise menée par l'officier Tadeusz Kosciuszko (1746-1817), annexent la Pologne à la Russie.

Un despotisme éclairé

Au milieu du siècle des Lumières, la Russie présente de profonds archaïsmes : une administration peu structurée, une noblesse docile et nonchalante à la fois, un clergé souvent illettré et une masse paysanne analphabète. Confrontée à des traumatismes tels que le joug mongol (1226-1470) et la terreur du règne d'Ivan IV dit le Terrible (1530-1584), la Russie est tenue à l'écart des grands courants de pensée – la Renaissance et l'humanisme – qui ont enrichi l'Europe.

En contact avec cet Occident en développement intense, la tsarine est consciente du retard économique, culturel et politique pris par son pays et entend y remédier d'elle-même, par une série de réformes :

- un premier projet de révision des lois par une commission législative, qui siège de 1767 à 1768, mais sans résultat concret ;
- une réforme de l'administration provinciale, lancée de 1763 à 1775, parvient à mettre sur pied une organisation plus uniforme, plus efficace et plus soucieuse du bien-être de ses sujets ;

- de même, la Charte de la Noblesse, édictée le 21 avril 1785, vise à conforter la noblesse dans ses droits, tout en la faisant jouer un rôle privilégié dans cette dynamique de modernisation. Exemptés d'impôts et de châtiments corporels, les nobles sont libres d'entrer ou non au service de l'État et sont autorisés à élire des assemblées provinciales ayant le droit de faire part de leurs requêtes au gouverneur ;
- en 1762, Catherine II autorise tous les individus, sauf les habitants de Moscou et de Saint-Pétersbourg, à se lancer dans la production artisanale et industrielle.

Aussi l'impératrice entreprend-elle très tôt de faciliter la diffusion des idées venues d'Europe occidentale.

- En 1768, elle crée un fonds spécial chargé de la traduction en russe d'ouvrages littéraires et scientifiques ouest-européens.
- Elle favorise l'installation en Russie d'artistes européens, comme l'architecte italien Giacomo Quarenghi (1744-1817), le sculpteur français Étienne Falconet (1716-1791) ou l'architecte écossais Charles Cameron (1745-1812), chargés de familiariser la Russie avec un art

européen d'inspiration néoclassique.

- Cette ouverture culturelle et intellectuelle, l'impératrice l'applique enfin pour elle-même, par l'écriture de mémoires, d'essais historiques, mais aussi d'une correspondance suivie avec les philosophes français Voltaire (1694-1778) et Denis Diderot (1713-1784), et le baron Friedrich Melchior Grimm (diplomate allemand, 1723-1807).

Toutefois, l'influence des Lumières en Russie reste très limitée et ne remet aucunement en cause les fondements autocratiques de l'État. L'échec de la commission législative ainsi que la répression de la colère de la population suite à l'épidémie de peste à Moscou en 1771 en témoignent. L'ouverture à l'esprit et à l'Europe des Lumières n'a pas ébranlé l'ordre social : l'hostilité de la noblesse que rencontre toute volonté d'évolution de la condition des serfs montre à l'impératrice à quel point le pays n'est pas encore mûr pour de telles réformes.

| Portrait de Paul Ier de Russie par Vladimir Borovikovsky (1757-1825), 1796.

Ce bilan en demi-teinte amène Paul à reconsidérer la politique russe d'une autre manière. Né en septembre 1754, sous le règne de sa grande tante Elisabeth Ire (impératrice de Russie, 1709-1762), Paul devient prince héritier sous le règne de Pierre III. Pour assurer la pérennité de la dynastie, sa mère le marie le 29 septembre 1763 à Wilhelmina, fille du Landgrave de Hesse-Darmstadt, convertie à l'orthodoxie sous le nom de Nathalie Alexeïevna. Elle lui donne neuf enfants dont deux d'entre eux, Alexandre Ier et Nicolas Ier (1796-1855), exercent tour à tour le pouvoir.

Mais Paul désapprouve la politique de sa mère, qui se méfie de lui et préfère lui voir succéder son petit-fils Alexandre. La mort inopinée de cette dernière et l'impréparation d'Alexandre, qui n'a alors que 19 ans, permettent à Paul de prendre le pouvoir.

Face aux victoires françaises en Méditerranée, qui s'avèrent de plus en plus inquiétantes, Paul Ier entre dans la Deuxième Coalition (1798-1802) réunissant l'Angleterre, l'Autriche, le royaume de Naples, le Portugal et l'Empire ottoman. Dans ce cadre, il envoie ses troupes soutenir les

Autrichiens en Suisse et en Italie d'une part, et dans les Pays-Bas pour soutenir les Anglais aux prises avec les Français d'autre part.

Après plusieurs succès notamment à Novi le 15 août 1799, ses troupes sont défaites à Bergen le 19 septembre 1799 par le général français Guillaume Brune (1763-1815) puis à Zurich le 26 septembre de la même année par le général français André Masséna (1758-1817). Ces défaites, qu'il attribue au manque de loyauté de la part de ses alliés autrichiens et anglais, l'incitent à se retirer de la coalition.

En froid avec l'Angleterre, qui ne veut pas que la Russie prenne pied en mer Méditerranée, et dans le but de pouvoir reprendre Constantinople, ce qu'il considère comme sa chasse gardée, le tsar se rapproche de la France de Napoléon, qui lui propose une alliance contre les Britanniques. Ce rapprochement incite Paul Ier à prendre des mesures contre l'Angleterre et à préparer des troupes pour la combattre en Inde.

Or cette politique n'est pas approuvée par son conseiller Hans von der Pahlen (1740-1817) et son ministre Nikita Petrovitch Panine, qui fomentent un complot pour le défaire. Ce complot, qui aboutit à l'assassinat du tsar Paul Ier, permet au tsarévitch Alexandre Ier, qui en était au courant et l'avait approuvé, de monter sur le trône impérial.

TEMPS FORTS

POURSUITE DE LA MODERNISATION DU PAYS

Dans les premières années de son règne, le tsar Alexandre entend se démarquer des deux règnes précédents. Comme sa grand-mère, il a conscience de la nécessité de moderniser le pays, non pas en conservant l'autocratie du pouvoir, mais en l'orientant vers un État de droit (système institutionnel où les individus et institutions sont soumis au droit). En ce sens, les comploteurs responsables de l'assassinat de son père n'exercent sur lui aucune influence. Ne leur pardonnant pas la mort de son père, il s'en débarrasse en les exilant hors de Russie.

Au sein d'un comité regroupant quelques amis, le tsar planche sur les modalités de réforme des institutions du pays qu'il aimerait mener en profondeur dans le but d'amener la Russie vers un régime constitutionnel. Vu l'ampleur de la tâche et les crispations que suscitent ses projets, tels que la perspective de faire du Sénat un organe indépendant de l'empereur par exemple, ces vastes travaux de réflexion n'aboutissent qu'à un manifeste adopté le 8 septembre 1802 qui réforme le pouvoir :

- le gouvernement se présente désormais sous la forme d'un comité de ministres nommés par l'empereur, en charge de huit ministères, chacun géré par un ministre nommé par l'empereur et secondé dans sa tâche ;
- le Sénat, organe judiciaire suprême, se voit divisé en départements fonctionnels à partir de septembre 1802 pour assurer plus de rapidité et d'efficacité dans les jugements. Il se voit accorder aussi un droit de remontrance, qui lui est finalement retiré en 1803, l'empereur considérant que la noblesse n'est pas assez mature pour en faire bon usage.

Devant le constat d'une société russe aux élites jalouses de leurs privilèges, il apparaît plus prudent aux yeux du tsar, soutenu dans cette idée notamment par son ancien précepteur La Harpe, de donner une impulsion à quelques initiatives, ordonnées autour du progrès social, économique et culturel du pays. Dans un premier temps, il porte toute son attention sur la question du servage. Ainsi, il autorise à tous l'achat de terres sans serfs à la fin de l'année 1801. En février 1803, il autorise les propriétaires à libérer leurs serfs individuellement ou par villages entiers, et ce, contre une somme d'argent qu'il leur revient de fixer.

Sur le plan économique, il entend favoriser le développement de la Russie méridionale et de l'Ukraine. Pour ce faire, il encourage, par des mesures fiscales, l'implantation de 5 000 colons allemands dans ces territoires. C'est ainsi que la ville d'Odessa (ville portuaire ukrainienne), sous l'impulsion d'un émigré français passé au service du pouvoir impérial, devient de 1780 à 1805 une ville florissante. Il porte aussi ses efforts sur la navigation intérieure en poursuivant les travaux de jonction de la mer Blanche à la mer Caspienne afin de faciliter la circulation.

Dans un deuxième temps, le tsar s'attache à réformer l'enseignement afin qu'il devienne un instrument de progrès collectif. En septembre 1802, un ministère de l'instruction publique voit le jour, au sein duquel une direction générale des Écoles met en place un véritable réseau d'écoles mixtes offrant une éducation de base. Chaque province russe doit également être dotée d'universités dont l'organigramme se voit complètement réorganisé. Ces réformes permettent l'émergence d'une élite russe qui jouera un rôle prépondérant dans les années à venir.

LA GUERRE CONTRE NAPOLÉON

Ce sont les agissements français qui ramènent la Russie sur la scène européenne. Dès 1801, Alexandre Ier se méfie de Napoléon qu'il accuse de trahir les idéaux révolutionnaires. De plus, l'avancée de ses troupes vers l'est menace directement la Russie. Dès lors, à partir du mois d'avril, le tsar rompt officiellement les relations diplomatiques avec la France et s'engage avec la Prusse, l'Angleterre et l'Autriche dans la Troisième Coalition en 1805, dirigée contre l'Empire français.

Confiant dans la supériorité du nombre des coalisés, le tsar se risque à prendre la tête de l'armée russe en écartant ses généraux. Il connaît un cinglant échec en affrontant les troupes de Napoléon Ier à Austerlitz le 2 décembre 1805 : un désastre militaire pour les Russes et leurs alliés autrichiens. En octobre 1806, il repart en Allemagne pour aider la Prusse envahie par Napoléon et défaite aux batailles d'Iéna et d'Auerstaedt en octobre 1806. Toutefois, ses armées ne peuvent éviter les pertes considérables de la bataille d'Eylau (26 000 morts) et la défaite de Friedland le 2 juin 1807.

Ces deux désastres ainsi que l'ouverture d'un second front contre l'Empire ottoman contraignent le tsar à négocier un armistice. L'empereur des Français, loin de vouloir punir la Russie, veut au contraire en faire une alliée dans sa guerre contre l'Angleterre. Il invite dès lors le tsar à négocier les termes de cet accord à Tilsit. Signé le 25 juin 1807, ce traité conserve la Russie dans ses frontières tout en l'obligeant à évacuer toutes ses troupes des Balkans et à accepter la décomposition de son allié prussien, qui perd ses territoires polonais et est-allemand.

En 1808, une nouvelle entrevue a lieu à Erfurt (Allemagne) pour résoudre les différends entre les deux empires. Alexandre Ier ne cède rien à la suite d'une entrevue avec le prince de Talleyrand (1754-1838), hostile à toute alliance entre les deux empereurs. De plus, le tsar s'arrange pour différer sa réponse à la demande de Napoléon Ier, désireux d'épouser l'une des sœurs d'Alexandre après son divorce avec l'impératrice Joséphine de Beauharnais (1763-1814), dont il n'a pas eu d'enfant. Aussi les relations entre les deux empires sont-elles tendues.

Ces négociations entraînent pour Alexandre Ier l'obligation de soutenir Napoléon contre l'Autriche, c'est-à-dire qu'il doit rester neutre quant aux relations que la France entretient avec l'Autriche et doit mettre en place un blocus continental à l'encontre du commerce extérieur anglais. Néanmoins, il en profite pour attaquer et prendre la Finlande, qui devient une région autonome de l'Empire.

Parce qu'il ne garantit pas la neutralité de l'Empire ottoman, le traité de Tilsit lui donne l'occasion de finir la guerre russo-turque de 1806 à 1809, conclue par le traité de Bucarest qui accorde à la Russie le territoire de Bessarabie, formé de la Moldavie et de la région côtière du Boudjak, au nord de la Roumanie.

Entre 1809 et 1812 s'ensuit une lente dégradation des relations entre les deux empereurs. En 1812, afin d'éviter la ruine du commerce extérieur russe, essentiellement orienté vers l'Angleterre, le tsar met fin au blocus continental imposé par Napoléon et se dresse contre sa volonté de créer un État polonais indépendant autour de Varsovie.

Cette situation amène Napoléon à vouloir en finir avec la résistance russe. En juin 1812, il lance sa Grande Armée vers Moscou. Ne pouvant affronter celle-ci victorieusement, les généraux russes optent pour une retraite par étape de leurs armées, laissant derrière elles des villes et des campagnes détruites. Toutefois, ils ne peuvent empêcher les troupes françaises d'approcher Moscou. L'issue particulièrement meurtrière (42 000 blessés et morts côté russe et 58 disparus côté français sur un rapport de force de 112 000 contre 130 000 hommes) de la bataille de Borodino du 7 septembre laisse les Français maîtres du terrain et incite les Russes à évacuer la ville pour y stationner derrière.

Ainsi, en septembre 1812, c'est une armée française affaiblie qui entre dans Moscou, où elle aspire à se nourrir et à se reposer. Mais le soir même éclate un gigantesque incendie qui se propage rapidement et dure trois jours. Il est vraisemblable que les Russes, échaudés par l'occupation de leur capitale religieuse, en soient à l'origine. Ne pouvant aller plus loin, Napoléon se décide à se replier vers la Pologne. S'ensuit une retraite durant laquelle la Grande Armée subit tant le froid que les attaques incessantes de l'armée russe, des Cosaques et des paysans en armes.

Le pays est libéré de la domination française, mais le bilan de cette guerre est lourd : les pertes matérielles et humaines sont tellement élevées (400 000 Russes y trouveront la mort) qu'elles suscitent chez Alexandre Ier une intense crise spirituelle et morale. L'ampleur des doutes qui l'ont assailli, l'isolement et les critiques qu'il a subis ont fait naître chez lui une foi en Dieu aussi vibrante que sincère.

UN TSAR EUROPÉEN

| Portrait équestre d'Alexandre Ier par Frans Kruger (1797-1857), 1837.

Alexandre Ier prend la tête de la Sixième Coalition réunissant les adversaires de la France, qui est finalement vaincue. Les troupes russes entrent en 1814 dans Paris et Alexandre Ier s'installe, le temps des négociations, chez le prince de Talleyrand, rue Saint-Florentin. Au terme de cette campagne, Napoléon se voit contraint d'abdiquer le 25 mars pour ensuite être exilé le 30 mars 1814 sur l'île d'Elbe (Italie).

Le tsar charme les Français par son amabilité. Bien qu'il méprise les Bourbons, qu'il estime indignes de retrouver le trône de France, Alexandre Ier contribue à installer à contrecœur le roi Louis XVIII (1755-1824) sur le trône. Grâce aux efforts du tsar, mais aussi de Talleyrand et de la diplomatie britannique, soucieuse de l'équilibre des puissances en Europe, le traité de Paris du 30 mai (qui met fin à cette campagne) permet à la France de conserver ses frontières de 1792. Il est prévu enfin un congrès général à Vienne pour régler les questions européennes encore en suspens.

Au congrès de Vienne, auquel le tsar est présent et participe activement, il obtient pour la Russie une grande partie du territoire polonais, constitué en un royaume à part dont il est proclamé roi. Pour ce pays, dont il compte faire un lieu d'expérimentation d'un régime constitutionnel devant servir d'exemple pour l'empire, il accepte d'établir une constitution tout en gardant l'armée et le gouvernement sous son contrôle.

Toutefois, Napoléon, profitant de l'engouement populaire nostalgique de l'empire, revient de l'île d'Elbe le 1er mars 1815 et reprend le pouvoir à Paris. Celui-ci lui fait part d'un accord secret entre son pays, les Autrichiens et les Anglais pour contrer les visées expansionnistes prussiennes et russes. Or, pour ce dernier, Napoléon reste l'ennemi à abattre. Les Cent-Jours (période de l'histoire comprise entre le retour de Napoléon en mars 1815 et sa dissolution) s'achèvent le 18 juin avec la bataille de Waterloo, qui pousse Napoléon à abdiquer définitivement.

De retour à Paris, Alexandre Ier est conscient de la nécessité de préserver au mieux la France, car il estime que son destin est lié à celui de l'Europe entière. C'est pourquoi, poussé par Louis XVIII, il tâche de négocier au minimum les pénalités que les alliés veulent imposer à la France au second traité de Paris du 8 novembre 1815. C'est dans cette optique qu'il négocie et obtient avec la Prusse et l'Autriche, dès septembre 1815 à Vienne, un pacte de Sainte-Alliance, qui perdurera jusqu'à sa mort en 1825. Ce pacte traduit une volonté d'instaurer et de maintenir un ordre européen autour du christianisme partagé par les dirigeants des principaux pays signataires.

EXALTATION MYSTIQUE, VOLONTÉ DE RÉFORME ET PRATIQUES CONSERVATRICES

Tout au long de cette période, Alexandre Ier tombe dans un profond mysticisme qui influence fortement sa politique intérieure et extérieure. Un peu avant 1815, il rencontre Beate Barbara Juliane von Krüdener (1764-1824) qui le convertit à un piétisme œcuménique.

En novembre 1815, le tsar arrive dans son nouveau royaume de Pologne et use de toute sa diplomatie pour séduire la noblesse polonaise qui l'acclame. Il accorde aux Polonais une charte constitutionnelle relativement libérale, car il souhaite faire de ce pays un lieu d'expérimentation d'un régime constitutionnel dans le but de l'étendre à l'ensemble de son empire, à l'instar de la Finlande et des États baltes. Après avoir nommé comme vice-roi un général polonais ayant servi sous Napoléon, encadré par son frère, le grand-duc Constantin (1779-1831) nommé commandant en chef des troupes polonaises et Nicolas Novossiltsev (homme politique russe, 1761-1838) comme commissaire au gouvernement polonais, il rentre en Russie.

De retour sur sa terre natale, il tombe rapidement sous l'influence dévote de ses ministres les plus proches, le prince Alexandre Nikolaïevitch Golitsyne (1773-1844) et Rodion Kochelev (1749-1827), le fondateur de la société biblique russe dont le but est de combattre la superstition et de révéler la vérité évangélique. Cet œcuménisme le pousse à s'intéresser au catholicisme au point de souhaiter, peu avant sa mort, le retour de l'Église orthodoxe sous le giron pontifical.

Ainsi, les sociétés mystiques se multiplient sous l'œil conciliant d'Alexandre Ier. Dès 1820, il décide de prendre comme principal ministre le comte Alexis Araktcheïev (1769-1834). Cet homme politique, très proche du tsar depuis sa jeunesse et auquel il est profondément dévoué, joue un rôle important durant les dernières années de son règne, car il s'en remet pratiquement à lui dans la gestion des affaires intérieures de l'empire, devenant par là même de plus en plus autoritaire : les intellectuels sont mis sous surveillance et de nombreux livres contestant la parole divine sont brûlés. Le poète Alexandre Sergueïevitch Pouchkine (1799-1837), ayant déplu au tsar par ses écrits, est exilé en 1820 dans le sud de la Russie.

Les universités, jusque-là ouvertes aux idées venant d'Occident, font l'objet d'une censure et d'une surveillance de la part du gouvernement. Araktchéïev réussit, avec l'aide de l'Église orthodoxe, à convaincre Alexandre Ier de la nocivité des sociétés mystiques qui sont alors interdites. Le tsar redonne dès lors sa place à l'Église orthodoxe et se proclame le défenseur de la vraie foi orthodoxe.

Il se convainc également que l'idée libérale n'est synonyme que de déstabilisation politique : les mouvements nationalistes révolutionnaires sont désormais considérés comme une conspiration contre l'ordre établi par Dieu. Sous la direction d'Alexandre Ypsilantis (1792-1828), officier dans l'armée russe, les Grecs se soulèvent en 1821 contre l'Empire ottoman, de plus en plus affaibli, pour recouvrer leur indépendance.

Pressé par Golitsyne et ses proches (motivés par l'esprit de fraternité orthodoxe), le tsar laisse le sultan Mahmoud II (1784-1839) écraser l'insurrection au motif que, selon ses dires, ses principaux leaders sont influencés par des sociétés secrètes antichrétiennes. Suite à cette répression, Alexandre Ier change de politique. Dans le cadre de la Sainte-Alliance, il cherche à obtenir le concours des autres puissances européennes pour obtenir une certaine autonomie pour les Grecs, ce qui s'avère vain étant donné que les Autrichiens et les Anglais ne veulent pas que ces régions tombent dans l'orbite russe.

Le prestige d'Alexandre Ier s'est à présent totalement effondré. Aussi voit-il des complots se préparer jusque dans l'armée, sans qu'il réagisse. À l'automne 1825, l'empereur entreprend un voyage dans le sud de la Russie afin d'accompagner l'impératrice, à qui les médecins ont recommandé de changer de climat pour des raisons de santé.

C'est pendant ce voyage qu'il prend froid et en meurt le 1er décembre 1825 à Taganrog. Son corps est transporté à Saint-Pétersbourg pour ses funérailles. Il est enterré dans la cathédrale Pierre-et-Paul de Saint-Pétersbourg le 13 mars 1826. Contrairement à la tradition, son cercueil est présenté fermé à la foule. Son épouse, Élisabeth, ne lui survit que 6 mois.

DES SPÉCULATIONS SUR LA FIN DE SA VIE

La disparition de l'empereur loin de Saint-Pétersbourg a donné lieu à des spéculations de plusieurs historiens. 11 ans plus tard, à l'automne 1836, un homme habillé en paysan et sans papier est arrêté par la police dans la région de Perm. Prétendant s'appeler Fiodor Kouzmitch, il se fait fouetter de 20 coups, emprisonner et déporter en Sibérie pour travailler dans une distillerie d'État dans le gouvernement de Tomsk.

Là-bas, il se fait connaître comme étant starets, un ermite évangélisant et enseignant dans les villages. Non seulement il parle de religion, mais délivre aussi des conseils d'hygiène, de santé et d'agriculture aux paysans et enseigne aux enfants la grammaire, le calcul, l'histoire et la géographie. Cet homme étrange maîtrise le français et semble bien connaître la cour de Russie ainsi que ses mœurs. Il fait l'objet des rumeurs les plus folles, le considérant comme un noble fuyant son passé.

En 1858, il est recueilli par un marchand de la région, Semion Khromov, qui lui met à sa disposition une petite maison à la lisière de la forêt. Décédé en 1864, le vieil homme est enterré au cimetière du monastère de Tomsk. Cette tombe, qui porte comme inscription « ci-gît le grand starets béni de Dieu, Fiodor Kouzmitch qui s'est éteint le 20 janvier 1864 » (REY (M.-P.), *Alexandre I*er. *Le tsar qui vainquit Napoléon*, Paris, Flammarion, 2013, p. 490), devient un lieu de pèlerinage. En 1984, le starets est canonisé par l'Église orthodoxe.

Après la révolution de 1917, Maurice Paléologue publie un livre dont le but est de prouver que le starets Fiodor Kouzmitch et l'empereur Alexandre Ier n'étaient qu'une seule et même personne, l'empereur ayant simulé sa mort (en substituant le cadavre d'un soldat lui ressemblant vaguement) pour expier sa participation au complot tramé contre son père.

Cette légende s'est renforcée par l'entremise de Léon Tolstoï (écrivain russe, 1828-1910), qui popularise ce mystère en 1905 dans son roman *Mémoires du starets Fiodor Kouzmitch*, sans compter que le tombeau d'Alexandre Ier, ouvert par son petit-neveu Alexandre III de Russie (1845-1894), s'est révélé être vide...

RÉPERCUSSIONS

Au terme de 24 années de règne, la Russie a été profondément transformée. Ces changements ont impacté sa position sur la scène internationale et sa situation intérieure de diverses manières.

Au niveau international, la victoire sur Napoléon, mais aussi l'intérêt du tsar vis-à-vis de la politique occidentale, ont fait de la Russie un acteur incontournable sur la scène politique. Cet intérêt fait écho à sa volonté de faire de la Russie une puissance européenne à l'égal de la Grande-Bretagne ou de la France.

Du barbare qu'il passait aux yeux de l'Occident à l'aube du XIXe siècle, à la périphérie du monde civilisé, le peuple russe, grâce notamment aux démarches de séduction du tsar à l'égard de l'élite européenne, fait l'objet d'un regard plus complexe, voire positif.

Aussi, l'initiative du tsar en faveur de la Sainte-Alliance reflète-t-elle bien l'attachement de son pays à la civilisation européenne. Bien qu'elle se soit transformée, au cours des années 1821 et 1822, en un instrument répressif, il n'en reste pas moins qu'elle est l'expression d'une cause européenne qu'il souhaitait faire avancer au nom d'une identité commune. Cette implication dans les questions européennes devait, aux yeux du tsar, signifier un accroissement de la puissance russe, car ces deux notions sont indissociables l'une de l'autre.

Dans la continuité des règnes de ses deux illustres prédécesseurs, le règne d'Alexandre Ier a vu une extension considérable de l'empire, tant vers l'ouest que vers le sud du territoire grâce à l'annexion de la Finlande, la pénétration dans le Caucase, l'intégration de la Bessarabie et la création d'un État polonais sous contrôle russe.

Toutefois, il apparaît clairement que l'engagement du tsar au service des intérêts géopolitiques de son pays s'est opéré au détriment du développement économique et démographique de l'empire. Les longues guerres contre la France ont profondément amputé le budget de l'État alors qu'au lendemain de l'invasion de 1812, le coût de la reconstruction des territoires a été particulièrement élevé, tant les dommages occasionnés par l'invasion de la Grande Armée étaient conséquents.

Lorsque le pays retrouve la paix en 1812, le tsar continue d'investir presque toute son énergie dans les questions diplomatiques au détriment de la reconstruction nationale, laissée aux mains de ses ministres les plus influents et dévoués.

Pourtant, ses premières années de règne ont été marquées par un vent de réforme où un certain nombre d'initiatives concrètes ont été prises. L'énergie déployée par le tsar pour faire aboutir ces réformes peut sans doute laisser penser qu'il en pressentait l'urgence, mais leur profondeur lui interdisait de les réaliser dans un court laps de temps, au vu du changement à opérer dans l'état d'esprit des élites. Ainsi, ces réformes ne se bornèrent qu'à quelques décisions et portèrent sur quelques domaines précis. Si elles sont donc limitées, elles ont eu un impact durable : c'est le cas notamment de la refonte du système scolaire, qui a coïncidé avec la création de nouvelles universités.

Au plan économique et social, l'Empire russe évolue peu. La population urbaine ne représente que 4 % de la population totale du pays à la fin du XVIIIe siècle : l'essor démographique que le pays connut durant 20 ans ne modifie guère ce ratio. Alors qu'au milieu du XVIIIe siècle, l'Empire russe est le premier producteur mondial de fer, il est rejoint dès la fin de ce siècle par la Grande-Bretagne, qui le dépasse dans les années 1810-1820.

Sur le plan politique, si le tsar désirait opérer une réforme constitutionnelle et abolir le servage, ces désirs n'ont pas dépassé le stade de l'ébauche. Ainsi, le courage et l'entêtement du tsar n'y auront pas suffi : sa capacité à résister à une cour bruissant de rumeurs hostiles aux accords de Tilsit, son voyage à Erfurt ainsi que sa conduite à la tête des régiments cosaques dans les campagnes de 1813 auront eu raison de ses ambitions.

Au moins jusqu'en 1820-1821, on ne peut pas mettre en doute son attachement aux idées libérales et aux projets de réforme. En revanche, en dépit de son optimisme initial et des efforts entrepris en vue de moderniser l'administration impériale et de doter le pays, par la refonte de l'enseignement public, de nouvelles élites émanant de couches sociales élargies, Alexandre Ier a été confronté à un problème majeur : l'absence d'auxiliaires et de relais puissants susceptibles de mener à bien un programme auquel la noblesse restait, dans sa grande majorité, viscéralement hostile – bien consciente que les projets constitutionnels déboucheraient, à plus ou moins longue échéance, sur une remise en cause de l'ordre politico-social en place, notamment celui du servage. C'est là qu'il faut voir la cause du renoncement du tsar à ces réformes.

De plus, après sa victoire sur Napoléon, la foi grandissante du tsar lui a sans doute fait prendre conscience du caractère sacré de son pouvoir absolu qu'il se devait de transmettre, intangible, à son successeur.

Malgré ces renoncements, le peu de réformes entreprises a tout de même produit des changements importants. Outre l'accroissement de la puissance impériale, il faut souligner :

- l'ampleur des droits concédés à la Finlande et à la Pologne, qui ont été des lieux d'apprentissage d'une forme de constitutionnalisme ;

- l'abolition du servage dans les pays baltes, prélude déjà à une abolition globale ;
- la création de nouvelles universités, qui a permis la germination d'idées nouvelles et d'une élite brillante au plan intellectuel et scientifique.

Mais déjà, le mouvement national russe, attaché à exalter les racines populaires de la culture russe et sa particularité par rapport à l'Occident, s'élargit sensiblement sous l'impulsion du tsar. Par-delà les différences sociales, la guerre contre Napoléon a soudé la nation contre l'envahisseur et a contribué à l'émergence d'une conscience et d'une identité nationale, dépassant les seuls cercles de l'élite.

Ainsi, sur le plan politique et culturel, le règne d'Alexandre Ier constitue une période de germination politique intellectuelle et sociale dont les conséquences se manifesteront sous le règne de ses successeurs, jusqu'à Alexandre III.

EN RÉSUMÉ

- Né en 1777 à Saint-Pétersbourg, Alexandre voit le jour à une époque et dans un pays en plein développement. Cette période de prospérité est marquée par le règne de sa grand-mère, l'impératrice de Russie Catherine II.
- Formé dans les convictions politiques les plus avancées de son temps, il conçoit la distance économique et culturelle entre son pays et l'Occident. Il cherchera à tout prix à la réduire.
- Lorsqu'il arrive au pouvoir après la mort tragique de son père Paul Ier, Alexandre Ier tente de mettre en œuvre une réforme de son pays sur le modèle occidental. Devant l'ampleur de la tâche, qui ne se conçoit finalement qu'à long terme, il tente de poser les bases du développement politique de son pays, notamment à travers la refonte de l'enseignement.
- Or l'entreprise d'extension des frontières de l'État et l'impérialisme grandissant de Napoléon l'obligent à se concentrer sur les questions européennes. Il ne peut empêcher la guerre de se porter sur son propre territoire par

une armée réputée invincible, excepté par la conjonction des éléments et des circonstances.

- Vainqueur au prix fort de l'impérialisme mégalomaniaque napoléonien, c'est pourtant le souci d'une Europe équilibrée, plus que les intérêts de son propre pays, qui lui tiennent à cœur dans sa politique étrangère.

- Imprégné de piété plus œcuménique que vraiment orthodoxe, lassé par les conséquences désastreuses du libéralisme politique, il délaisse de plus en plus l'exercice du pouvoir et meurt tragiquement au cours d'un voyage en novembre 1825 à Taganrog. Ou bien serait-il mort en 1864, sous les traits d'un vénérable starets russe, objet de la piété d'un peuple entier ? Le doute subsiste encore de nos jours.

- Néanmoins, il laisse à ses successeurs un pays solidement établi dans ses frontières, devenu un acteur incontournable de l'ordre international européen de son époque. La victoire sur Napoléon l'amène à démontrer la valeur de son pays et de son peuple devant l'Europe entière, de manière à attirer vers lui l'estime des plus grandes puissances de ce continent, qu'il a cherché à réunir autour du christianisme.

- Sur le plan intérieur du pays, c'est à long terme

que ses efforts de réformes vont porter leurs fruits : la refonte de l'administration ainsi que de tout le réseau scolaire et universitaire va permettre l'émergence d'une nouvelle élite, politique et littéraire.

- Quand bien même la fin de son règne est marquée par une politique autoritaire et conservatrice, sa volonté de faire de la Russie un État constitutionnel, prospère et égalitaire, sera relayée par ses successeurs, secondés en cela par la nouvelle élite formée au sein du réseau scolaire qu'il avait lui-même mis en place.

POUR ALLER PLUS LOIN

SOURCES BIBLIOGRAPHIQUES

- CARRÈRE d'ENCAUSSE (Hélène), *Catherine II. Un âge d'or pour la Russie*, Paris, Fayards, 2002.

- CARRÈRE d'ENCAUSSE (Hélène), *La Russie Inachevée*, Paris, Fayards, 2000.

- CATE (Curtis), *1812. Le duel des deux empereurs*, trad., Paris, Laffont, 1987.

- FEDOROVSKI (Vladimir), *Les tsarines. Les femmes qui ont fait la Russie*, Paris, Rocher, 2002.

- REY (Marie-Pierre), *Alexandre Ier. Le tsar qui vainquit Napoléon*, Paris, Flammarion, coll. « Grandes biographies », 2009.

- ZORGBIBE (Charles), *Le choc des Empires. Napoléon et le tsar Alexandre*, Paris, Éditions de Fallois, 2012.

SOURCES COMPLÉMENTAIRES

- BARTLETT (Christopher John), *Peace, War and the European Power, 1814-1914*, Londres, Macmillan, 1996.

- BRIDGES (Roy) et BULLEN (Roger), *The Great Powers and the European States System, 1814-1914* [2e édition], Londres-New-York, Pearson Longman, 2005.

- FLOROVKI (Georges), *Les voies de la théologie russe*, Lausanne, L'Âge d'Homme, 2001.

- HANTRAYE (Jacques), *Les Cosaques aux Champs Élysées. L'occupation de la France après la chute de Napoléon*, Paris, Éditions Belin, 2005.

- HELLER (Michel), *Histoire de la Russie et de son empire*, Paris, Plon, 1997.

- KAPPELER (Andreas), *La Russie. Empire multiethnique*, Paris, Institut d'études slaves, 1994.

- LEY (Francis), *Madame de Krüdener (1764-1824). Romantisme et Sainte-Alliance*, Paris, Honoré Champion, 1994.

- MOUROUSY (Paul), *Alexandre Ier, tsar de Russie. Un sphinx en Europe*, Monaco, Éditions du Rocher, 2004.

- OLIVIER (Daria), *Alexandre Ier le prince des illusions*, Paris, Fayards, 1973.

- PIRENNE (Jacques), *Histoire de l'Europe. La formation de la civilisation occidentale et son expansion*, t. 2, Bruxelles, Renaissance du Livre, 1960.

- REY (Marie-Pierre), *Le dilemme russe. La Russie et l'Europe occidentale d'Ivan le Terrible à Boris Eltsine*, Paris, Flammarion, 2002.

- SÉDOUY (Jacques-Alain de), *Le congrès de Vienne. L'Europe contre la France, 1812-1815*, Paris, Perrin, coll. « Pour l'histoire », 2003.

- SOKOLOV (Oleg), *Le combat de deux empires : la Russie d'Alexandre Ier contre la France de Napoléon – 1805-1812*, Paris, Fayards, 2012.

- SOUTOU (Georges-Henri), *L'Europe de 1815 à nos jours*, Paris, PUF, 2007.

FILMS ET DOCUMENTAIRES

- *War and Peace*, film de King Vidor, avec Audrey Hepburn, Henri Fonda et Mel Ferrer, États-Unis-Italie, 1956.

- *Alexandre Ier de Russie*, interview de Marie-Pierre Rey diffusée sur France Inter, le 25 janvier 2010.

- *Le Secret du Tsar*, documentaire de Marc Jeanson, France-Russie, 2014.

- « La mort d'Alexandre Ier » dans *Au cœur de l'histoire*, émission de Franck Ferrand, avec Jean Des Cars et Marie Pierre Rey, diffusée sur Europe 1 le 6 mars 2013.

LITTÉRATURE

- POUCHKINE (Alexandre), *Ode à la Liberté*, 1817.

- TOLSTOÏ (Léon), *La Guerre et la Paix*, 1865-1869.

- TOLSTOÏ (Léon), *Le journal posthume du vieillard Fiodor Kouzmitch, mort le 20 janvier 1864 en Sibérie, près de Tomsk, dans le hameau du marchand Khromov*, 1905.

- TROYAT (Henri), *Alexandre Ier. Le sphinx du Nord*, 1981.

MONUMENTS COMMÉMORATIFS

- Statue d'Alexandre Ier à Taganrog (Oblast de Rostov) par Ivan Petrovitch Martov, 1828. Elle symbolise le séjour et la mort du tsar dans cette ville. Détruit dans les années 1920, ce monument a été reconstruit puis inauguré le 12 septembre 1998 sur la place éponyme

- Monument à Alexandre Ier, sculpté par Salavat Chtcherbakov (sculpteur russe, né en 1955) et inauguré dans le jardin Alexandre du Kremlin (Moscou), par Vladimir Poutine (homme d'État russe, né en 1952) à l'occasion du bicentenaire de la campagne de Russie (2012).

SOURCES ICONOGRAPHIQUES

- Portrait de l'empereur de Russie Alexandre Ier par le peintre anglais George Dawe (1781-1829), vers 1820. Huile sur toile conservée dans la collection royale britannique. La photo reproduite est réputée libre de droits.

- Portrait de Catherine II de Russie, par Fyodor Rokotov (1736-1808), vers 1770. Huile sur toile conservée au musée de l'Ermitage (Saint-

Pétersbourg). La photo reproduite est réputée libre de droits.

- Portrait de Fiodor Kouzmitch, peint par un anonyme au XIXe siècle à partir d'une gravure de 1860. La photo reproduite est réputée libre de droits.
- Portrait de Paul Ier de Russie, par Vladimir Borovikovsky (peintre d'origine ukrainienne, 1757-1825), 1796. Huile conservée au Novgorod Art and History Museum. La photo reproduite est réputée libre de droits.
- Portrait équestre d'Alexandre Ier par Frans Kruger (1797-1857), 1837. Huile conservée au musée de l'Ermitage (Saint-Pétersbourg). La photo reproduite est réputée libre de droits.